14 Jours Pour Réapprendre à T'Aimer

100 Leçons pour Retrouver ta Douceur, ta Force et ta Lumière.

Table des matières

Introduction

Pourquoi tu commences ici

Ce livre, je ne l'ai pas écrit d'en haut.

Je ne l'ai pas écrit en sachant déjà tout.

Je l'ai écrit depuis l'intérieur d'une traversée.

Il y a eu un moment de ma vie où je ne savais plus
comment me tenir.

Je donnais trop.

Je m'excusais trop.

Je faisais passer les autres avant moi, encore et encore,
comme si ma propre place dans ma vie était
facultative.

Je croyais que l'amour voulait dire s'effacer.

Je croyais que le bonheur viendrait si je faisais assez, si
j'étais assez, si j'aimais assez.

Mais un jour, j'ai compris quelque chose de simple et
bouleversant :

Personne ne peut m'aimer à ma place.

Alors j'ai dû apprendre. Lentement. Doucement.
Sincèrement.

J'ai dû réapprendre à habiter mon corps.

À écouter mes émotions.

À poser des limites.

À me traiter avec autant de tendresse que j'en offrais aux autres.

Et ce chemin-là... je ne l'ai pas trouvé dans un livre, ni dans des conseils, ni dans des règles.

Je l'ai trouvé dans 100 gestes, 100 petits mouvements, 100 retours vers moi.

Ces 100 leçons sont celles que j'ai vécues.

Celles qui m'ont ramenée.

Celles qui m'ont appris à dire:«Je reste avec moi.»

Comment utiliser ce livre

Ce livre n'est pas à lire d'un seul souffle.

Il est à vivre.

Prends 1 à 7 leçons par jour, selon ton rythme.

Lis-les lentement.

Respire entre les phrases.

Observe ce que ça bouge en toi.

Ne cherche pas à appliquer parfaitement.

Ne cherche pas à "réussir".

Tu n'as rien à prouver ici.

Ce n'est pas un programme.

Ce n'est pas un challenge.

Ce n'est pas une transformation spectaculaire.

C'est un retour.

Un retour à ton cœur.

À ton corps.

À ta voix.

À ta lumière.

Tu vas marcher avec toi.

Tu vas te tenir la main.

Tu vas te retrouver à ton propre rythme.

Et à la fin, tu ne deviendras pas quelqu'un d'autre.

Tu deviendras toi, mais sans t'abandonner.

Bienvenue dans ce voyage.

Je le fais avec toi.

Je suis déjà passée par là.

Et je peux te dire une chose avec certitude :

Tu vas revenir à toi.

Et ce sera beau.

— Ariane Solange

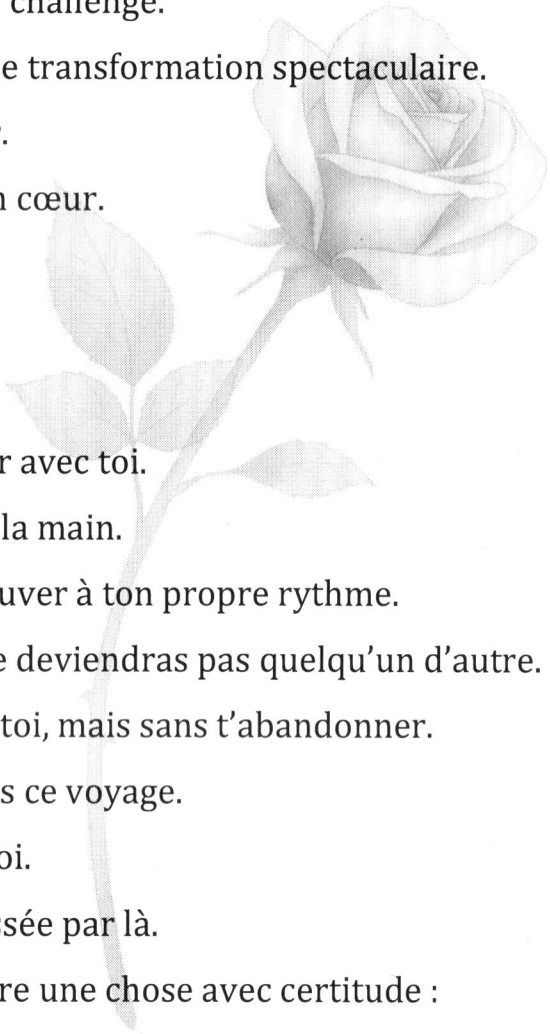

Jour 1
Se regarder honnêtement

Leçon 1 :

Arrête de te juger

Tu passes tellement de temps à te regarder à travers les yeux des autres que tu as oublié comment te regarder avec les tiens.

Tu te juges pour ce que tu ressens, pour ce que tu n'as pas encore fait, pour ce que tu n'as pas su dire.

Tu crois peut-être que si tu étais plus forte, plus "légère", plus organisée, plus sûre... tout irait mieux.

Mais la vérité, c'est que tu n'as pas besoin d'être différente pour mériter ta propre douceur.

Aujourd'hui, tu respires.

Tu te donnes un peu de place.

Tu te regardes sans chercher à te corriger.

Tu n'as rien à prouver ici.

Tu n'as rien à rattraper.

Tu commences simplement.

Tu es en train d'apprendre à revenir à toi.

Et ça suffit.

Leçon 2

Reconnais ce que tu ressens

Tu es tellement habituée à te dire "ça va" que tu ne sais plus vraiment si ça va.

Tu as pris l'habitude d'avancer, d'encaisser, de ranger tes émotions dans un coin, en espérant qu'elles disparaissent toutes seules.

Mais rien ne disparaît tant que ce n'est pas reconnu.

Aujourd'hui, il ne s'agit pas de comprendre, ni d'expliquer, ni de réparer.

Il s'agit simplement de constater.

Qu'est-ce que tu ressens, maintenant, tout de suite ?

De la fatigue ?

Un petit nœud dans la poitrine ?

Une tension dans le ventre?

Ne nomme pas ça comme un problème.

Nomme-le comme une présence.

Tu n'es pas seule dans ce que tu ressens.

Je suis là. On regarde ensemble.

Leçon 3
Arrête de minimiser
ce que tu vis

Combien de fois t'es-tu dit :

« Ce n'est pas si grave. »

« D'autres ont vécu pire. »

« Je devrais être capable de gérer. »

Chaque fois que tu minimises ce que tu ressens, tu t'abandonnes un peu.

Ce que tu as vécu compte.

Ce que tu ressens compte.

Ta douleur n'a pas besoin d'être spectaculaire pour être réelle.

Tu as le droit de dire :

« Ça m'a fait mal. »

Sans justification.

Sans excuse.

C'est là que la guérison commence.

Leçon 4

Tu n'as pas besoin
d'aller bien tout de suite

Tu as souvent voulu guérir vite, tourner la page,

reprendre le contrôle, ne rien laisser paraître.

Mais la guérison n'est pas un sprint.

Ce n'est pas une performance.

C'est un retour.

Un retour lent, vivant, souvent désordonné.

Tu n'as pas besoin d'aller bien aujourd'hui.

Tu as seulement besoin d'être vraie.

Et ça, tu le fais déjà.

Leçon 5

Tu peux être tendre avec toi

Tu sais être douce avec les autres.

Tu sais écouter, rassurer, accompagner.

Mais avec toi, tu deviens dure, exigeante, impatiente.

Comme si tu voulais guérir en te punissant.

Tu n'as pas besoin d'être plus forte.

Tu as besoin d'être plus tendre.

Place une main sur ton cœur.

Respire.

Et dis-toi doucement, même si tu n'y crois pas encore :

« Je fais de mon mieux. Et c'est suffisant pour
aujourd'hui. »

Leçon 6

Tu as le droit d'être fatiguée

La fatigue que tu ressens n'est pas seulement physique.

C'est la fatigue de tout porter.

D'être celle qui tient, celle qui comprend, celle qui supporte, celle qui ne dit rien.

Tu as le droit d'être fatiguée.

Tu as le droit de t'arrêter.

Tu as le droit de mettre ta tête sur l'oreiller et de dire :

«Là, je ne peux plus. »

S'arrêter n'est pas abandonner.

C'est se retrouver.

Leçon 7

Tu n'as pas besoin de tout comprendre maintenant

Tu veux des réponses, des raisons, des explications.

Tu voudrais comprendre pourquoi les choses ont fait mal, pourquoi tu as tenu, pourquoi tu n'as pas vu.

Mais la clarté vient après.

Jamais au milieu de la tempête.

Aujourd'hui, tu n'as pas besoin de comprendre.

Tu as juste besoin de respirer.

Tu es en train de revenir à toi.

C'est déjà immense.

Jour 2

Se parler
avec respect

Leçon 8

Écoute comment tu te parles

La petite voix dans ta tête... tu sais, celle qui commente tout ce que tu fais...

Elle est devenue tellement automatique que tu ne t'en rends même plus compte.

Mais elle dit quoi, vraiment? Souvent :

«Tu aurais dû mieux faire. »

«Tu n'es pas assez. »

«Ce n'est pas si compliqué, pourquoi tu n'y arrives pas ?»

Et toi, tu avances avec ça dans ton cœur.

Comme si c'était normal.

Aujourd'hui, on ralentit.

On écoute.

Pas pour juger.

Pour comprendre ce que tu te fais vivre, intérieurement.

Tu ne guéris pas en te corrigeant.

Tu guéris en te parlant différemment.

Leçon 9

Tu ne mérites pas la dureté

Tu as peut-être grandi dans des environnements où la douceur était rare.

Où l'on croyait que la force passait par la rigidité.

Où l'on confondait exigence et amour.

Et alors tu as appris à te traiter durement, toi aussi.

Comme si c'était normal.

Comme si c'était nécessaire pour avancer.

Mais regarde ce que cette dureté t'a coûté :

Légèreté.

Calme.

Confiance.

Tu n'as pas besoin de te brutaliser pour grandir.

Tu peux avancer en te respectant.

Leçon 10

Parle-toi comme à quelqu'un que tu aimes

Je veux que tu imagines une personne que tu aimes profondément.

Quelqu'un que tu protèges, que tu rassures, que tu ne laisserais jamais tomber.

Comment lui parlerais-tu lorsqu'elle doute ?

Lorsqu'elle est fatiguée ?

Lorsqu'elle a peur ?

Certainement pas en lui disant :

«Débrouille-toi. »

« Tu n'es pas assez. »

« Tu fais n'importe quoi. »

Tu dirais peut-être :

« Je suis là. »

« Ça va aller. »

« On va faire petit à petit. »

Alors, pourquoi tu t'exclus de cet amour ?

Il est temps de te réintégrer dans ton propre cœur.

Leçon 11

Tu as le droit de ralentir

Tu veux guérir vite, comprendre vite, changer vite.

Comme si la lenteur était un échec.

Comme si tu devais montrer que tu vas mieux pour être aimée.

Mais la guérison réelle est lente.

Elle demande de la présence, pas de la vitesse.

Ralentir n'est pas perdre du temps.

Ralentir, c'est te retrouver.

Leçon 12

Tu n'as pas besoin d'être productive pour être valable

Ce n'est pas ta capacité à cocher des tâches qui détermine ta valeur.

Ce n'est pas ton efficacité, ni ta réussite, ni ton courage visible.

Ta valeur n'est pas une performance.

Elle est intrinsèque.

Elle est là, même les jours où tu ne fais rien.

Tu peux exister sans prouver.

Leçon 13

Tes émotions ne sont pas des problèmes

Tu te reproches d'être triste, fatiguée, nostalgique, sensible.

Comme si ressentir était dangereux.

Mais une émotion n'est pas un ennemi.

C'est un message.

Une information.

Un besoin qui cherche à être entendu.

Tu n'as pas à « gérer » tes émotions.

Tu as à les écouter.

Elles ne sont pas là pour te détruire.

Elles sont là pour te ramener vers toi.

Leçon 14

Sois douce avec la femme que tu deviens

Tu n'es pas encore celle que tu veux être.

Et c'est normal.

Tu es en transition.

En mouvement.

En construction.

Tu ne deviens pas une nouvelle femme en un jour.

Tu la deviens un peu plus chaque fois que tu te choisis.

Sois douce avec celle que tu es maintenant,

parce qu'elle est celle qui t'emmène là où tu vas.

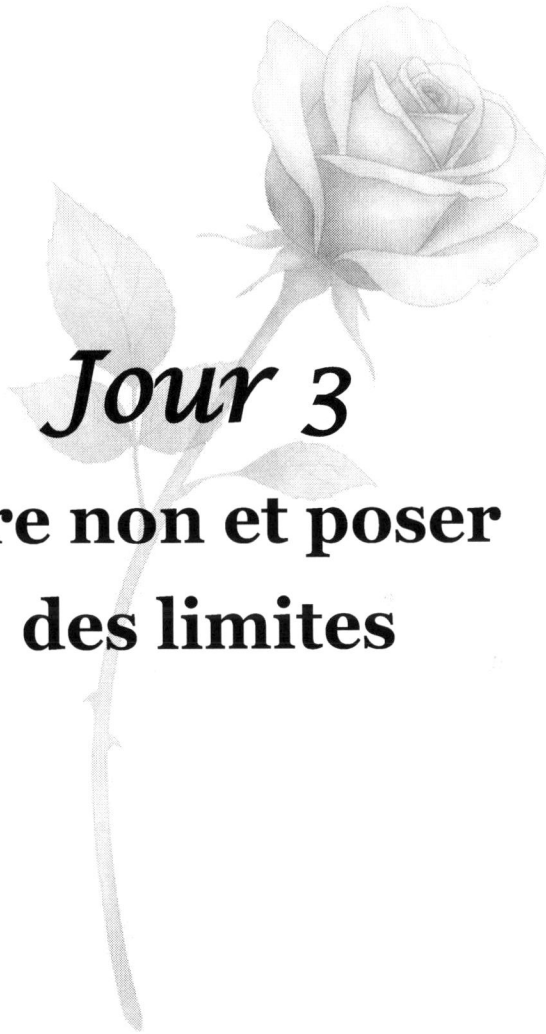

Jour 3

Dire non et poser des limites

Leçon 15

Tu ne peux pas continuer à dire oui quand ton cœur dit non

Tu le sais.

Tu l'as senti dans ton ventre, dans ta gorge, dans ton souffle.

Ce petit serrement quand tu dis « oui » alors que tout ton corps criait « non ».

Cette sensation... ce n'est pas du doute.

C'est ton intuition.

Et chaque fois que tu la fais taire, tu t'éloignes un peu de toi.

Tu n'as rien à gagner à t'oublier.

Tu ne sauves personne en te trahissant.

Dire non, ce n'est pas fermer une porte.

C'est garder ton espace intérieur vivant.

Leçon 16

Si tu expliques trop, tu ne te respectes plus

Tu t'excuses, tu justifies, tu expliques, tu expliques encore…

Comme si ton "non" devait être accepté pour être valable.

Comme si tu devais gagner le droit de te protéger.

Mais écoute :

Une limite n'est pas une négociation.

Tu n'as pas besoin d'avoir une bonne raison.

Tu n'as pas besoin que l'autre soit d'accord.

Tu n'as pas besoin de convaincre.

Ton non est suffisant

parce que toi, tu es suffisante.

Leçon 17

Tu n'es pas responsable
du bien-être des autres

Tu as appris à apaiser, consoler, porter.

À être douce, présente, disponible.

À arrondir les angles.

Mais quand tu fais ça tout le temps, tu te sacrifies.

Les émotions des autres ne sont pas ta responsabilité.

Tu peux être là, oui.

Tu peux écouter, oui.

Tu peux aimer, oui.

Mais tu ne dois pas te perdre pour que quelqu'un

d'autre se sente mieux.

Tu n'es pas une solution.

Tu es une personne.

Leçon 18

Si quelqu'un s'éloigne quand tu te respectes, il n'était jamais vraiment là

C'est simple.

Quand tu commences à poser des limites, certaines personnes disparaissent.

Pas parce que tu fais mal.

Mais parce que elles ne pouvaient rester que si tu t'abandonnais.

Ce ne sont pas des pertes.

Ce sont des révélations.

Tu ne perds jamais quelqu'un en te respectant.

Tu perds seulement ceux qui profitaient de ton absence à toi-même.

Leçon 19

L'amour ne te demande jamais de te diminuer

Si tu dois devenir plus petite pour qu'on te garde,

ce n'est pas de l'amour.

Si tu dois te taire pour être acceptée,

ce n'est pas de l'amour.

Si tu dois souffrir pour prouver que tu tiens,

ce n'est pas de l'amour.

L'amour vrai te élargit.

L'amour vrai te respire.

L'amour vrai te voit.

Tu n'as rien à sacrifier pour être aimée.

Tu as juste à être toi.

Leçon 20

Tu n'as pas à être accessible pour tout le monde

Tu peux répondre plus tard.

Tu peux prendre du silence.

Tu peux être moins disponible.

Tu n'es pas un service.

Tu n'es pas une ressource.

Tu n'es pas une présence acquise.

Ton énergie est précieuse.

Elle doit être protégée.

Être moins accessible ne te rend pas froide.

Ça te rend centrée.

Leçon 21

Ta paix est une priorité, pas une option

Tu as le droit de choisir ta tranquillité.

Sans explication.

Sans convaincre.

Sans permission.

Tu n'es pas là pour être admirable.

Tu es là pour être en paix.

Et si quelque chose te coûte cette paix, alors oui,

même si c'est tendre, même si c'est beau,

tu peux t'en éloigner.

Tu te choisis aujourd'hui.

Et c'est comme ça que tu guéris.

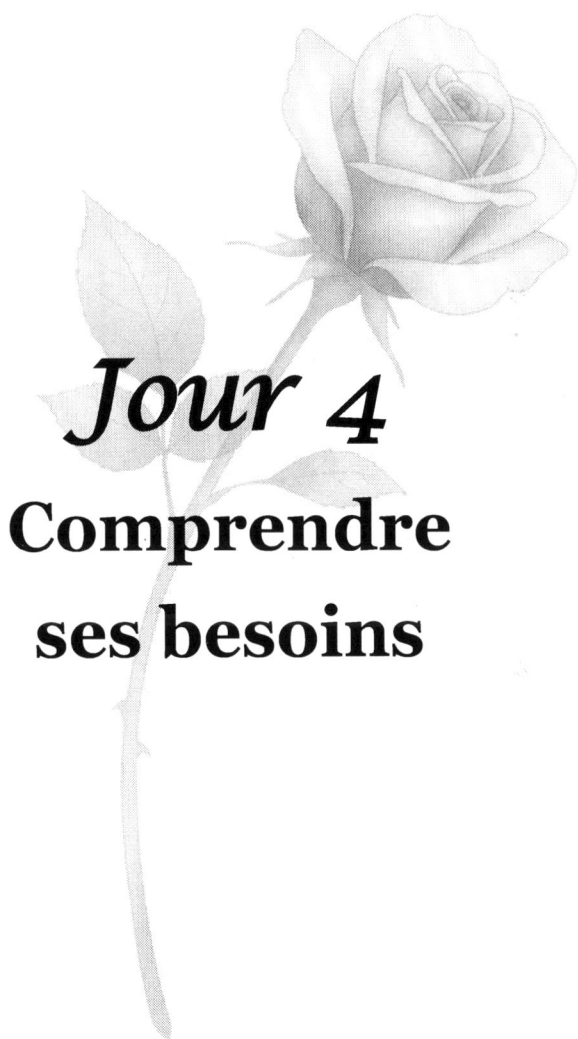

Jour 4
Comprendre
ses besoins

Leçon 22
Tu as le droit d'avoir
des besoins

C'est fou comme on t'a fait croire que « besoin » était synonyme de faiblesse.

Comme si être autonome voulait dire tout porter seule, tout comprendre seule, tout traverser sans demander de soutien.

Les besoins ne font pas de toi quelqu'un de fragile.

Ils font de toi quelqu'un de vivant.

Tu as le droit d'avoir besoin de douceur, de temps, d'attention, de silence, d'espace, d'amour, de repos.

Tu as le droit d'avoir besoin d'être rassurée parfois.

Tu n'as pas à t'excuser de ce qui fait de toi un être humain.

Leçon 23

Tu ne dois pas mériter
ce dont tu as besoin

Tu n'as pas besoin de prouver ta valeur, d'être
performante, productive, gentille, brillante ou forte
pour être digne de recevoir.

Tu n'as pas à te dépasser pour t'autoriser la tendresse.

Les besoins n'appellent pas la justification, ils
appellent l'écoute.

Tu n'as pas à « gagner » ce qui te nourrit.

Tu as juste à le reconnaître.

Leçon 24

Quand tu te négliges, tu t'absentes de toi

Il y a des jours où tu passes en mode automatique.

Tu fais, tu gères, tu avances.

Mais tu n'es plus là.

C'est une déconnexion douce, silencieuse, presque invisible.

Et elle fait mal sans faire de bruit.

Prends le temps de revenir à toi dans ton corps : respirer, t'étirer, poser une main sur ton ventre ou sur ton cœur.

Tu ne peux pas vivre ta vie sans toi dedans.

Leçon 25

Tu ne peux pas recevoir
si tu n'ouvres pas de place

Tu te plains parfois de ne pas recevoir assez, mais regarde :

Est-ce que tu laisses la possibilité de te donner ?

Est-ce que tu dis "ça va" quand ça ne va pas ?

Est-ce que tu souris quand ça fait mal ?

Est-ce que tu dis "non, c'est bon" alors que ton cœur crie "reste avec moi encore un peu" ?

Recevoir demande un geste : s'ouvrir.

Et je sais que ça fait peur.

Mais la vie ne peut pas remplir une coupe fermée.

Leçon 26

Tes besoins ne sont pas négociables

Tu peux adapter les formes, oui.

Être souple, oui.

Grandir, oui.

Mais tes besoins les vrais ceux qui touchent ton cœur

et ta stabilité ne sont pas des options.

Tu te trahis chaque fois que tu les ignores.

Et la douleur que tu ressens ensuite n'est pas un

mystère :

c'est le prix de ton absence à toi-même.

Leçon 27

Si tu ne dis pas ce dont tu as besoin, tu seras toujours déçue

Personne ne lit ton cœur.

Personne ne voit à l'intérieur ce que tu n'exprimes pas.

Tu n'as pas appris à demander parce qu'on t'a appris à « tenir ».

Mais tenir, ce n'est pas aimer.

Tu peux dire :

« J'ai besoin de temps. »

« J'ai besoin d'écoute. »

« J'ai besoin de présence. »

Ce n'est pas être lourde.

C'est être vraie.

Leçon 28

Tes besoins méritent d'être honorés

Pas juste tolérés.

Pas juste compris.

Honorés.

Comme quelque chose de précieux.

Comme quelque chose de sacré.

Parce que ce sont eux qui te maintiennent vivante, stable, alignée.

Tu n'es pas difficile.

Tu n'es pas compliquée.

Tu es sensible.

Et ta sensibilité a besoin de douceur pour respirer.

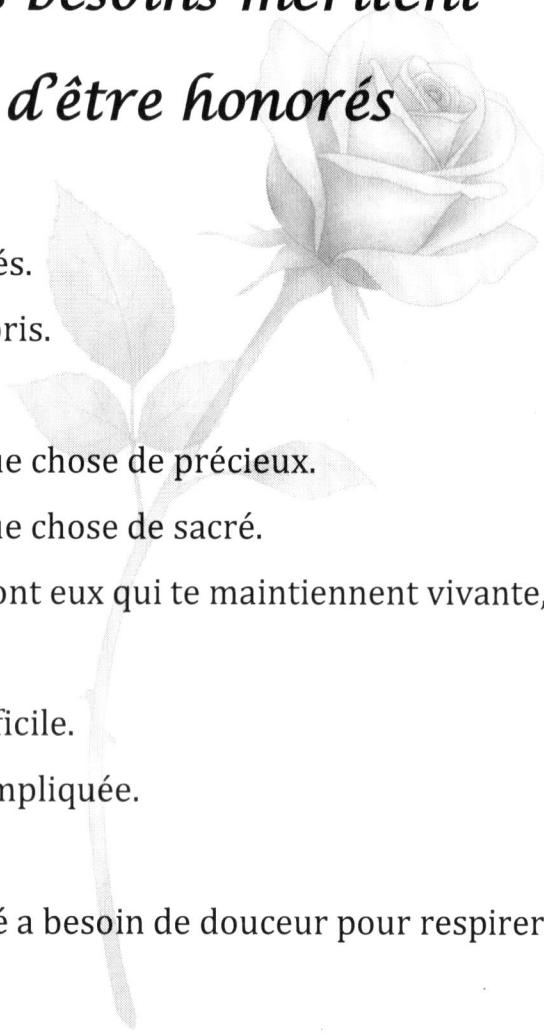

Jour 5
Accueillir
tes émotions

Leçon 29

Tu n'as pas à être forte tout le temps

On t'a appris à tenir.

À respirer plus loin que ta douleur.

À sourire même quand ça brûle à l'intérieur.

Mais être forte ne veut pas dire ne rien ressentir.

La force, la vraie, c'est être capable de s'asseoir avec ce qui fait mal, sans se fuir.

Tu peux poser les armes.

Tu peux dire : « Là, j'ai besoin de douceur. »

Tu restes forte.

Juste plus humaine.

Leçon 30

Tes émotions ne sont pas des ennemies

Les émotions ne sont pas là pour t'attaquer.

Elles ne sont pas des obstacles à éliminer.

Elles sont des messages.

Des signaux.

Des invitations.

La tristesse dit: «J'ai besoin de présence.»

La colère dit: «Une limite a été franchie.»

La peur dit: «J'ai besoin d'être rassurée.»

Tu n'as rien à chasser.

Tu as à écouter.

Leçon 31

Tu as le droit de te sentir perdue

Parfois, tu ne comprends plus rien.

Tu ne sais plus ce que tu veux, ce que tu ressens, ce que tu dois faire.

Tu es fatiguée de répondre, d'expliquer, d'avancer.

Et tu crois que ce flou est un signe d'échec.

Mais le flou est un espace de transition.

Il dit : « Je suis en train de changer. »

Tu n'es pas perdue.

Tu es en train de te déplacer vers une version de toi que tu ne connais pas encore.

Leçon 32

Tu peux t'autoriser à pleurer

Tu retiens tes larmes depuis longtemps.

Par pudeur.

Par peur.

Par réflexe.

Mais les larmes ne sont pas faiblesse.

Elles dénouent ce qui était serré.

Elles ouvrent ce qui était bloqué.

Elles libèrent ce qui était trop lourd.

Pleurer, c'est respirer par le cœur.

Si ça monte, laisse sortir.

Ton corps sait comment guérir.

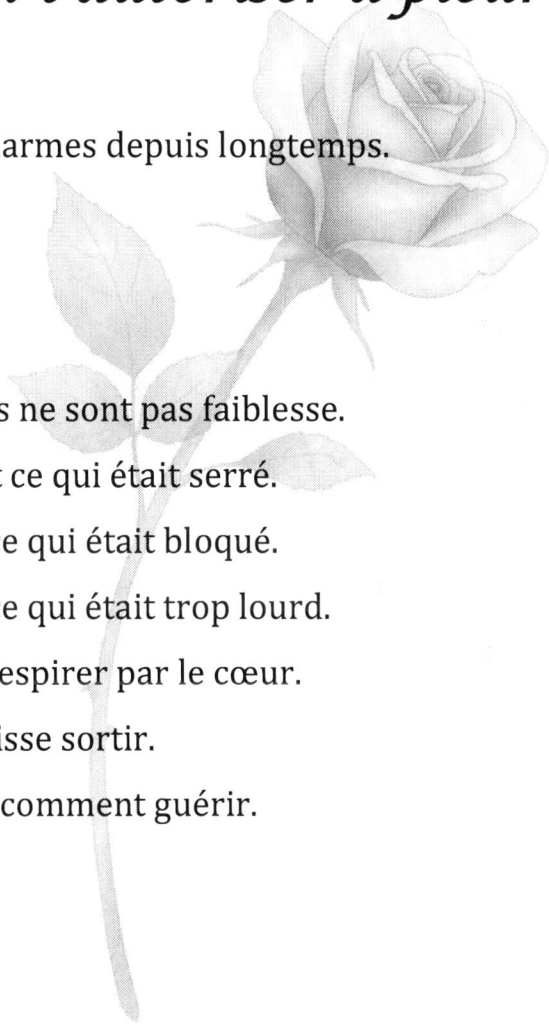

Leçon 33

Ne te juge pas quand tu te revois retomber

Tu vas avoir des jours de lumière, et des jours d'ombre.

Ce n'est pas linéaire.

Ce n'est pas propre.

Ce n'est pas parfait.

Tu vas retomber parfois dans d'anciens schémas, d'anciennes pensées, d'anciennes peurs.

Ce n'est pas un retour en arrière.

C'est ton esprit qui réapprend.

Sois patiente avec toi.

Reviens doucement.

Tu n'as pas échoué.

Tu es en train d'apprendre à rester.

Leçon 34
Tu n'as pas besoin de comprendre pour ressentir

On croit souvent qu'il faut analyser avant de ressentir.

Mettre des mots.

Trouver la logique.

Mais le cœur n'est pas logique.

Il est vivant.

Ce que tu ressens n'a pas besoin de justification.

Tu peux ressentir sans expliquer.

Et c'est déjà suffisamment vrai.

Leçon 35

Tu es capable de traverser ce que tu ressens

Regarde tout ce que tu as traversé.

Les nuits longues.

Les ruptures silencieuses.

Les déceptions que tu n'as dites à personne.

Tu as survécu à des vagues que d'autres n'auraient pas supportées.

Et tu es encore là.

Tu ne t'es pas détruite.

Tu t'es reconstruite.

Tu peux traverser ce que tu ressens.

Tu l'as déjà fait.

Tu sais faire.

Et tu vas continuer.

Avec plus de douceur, cette fois.

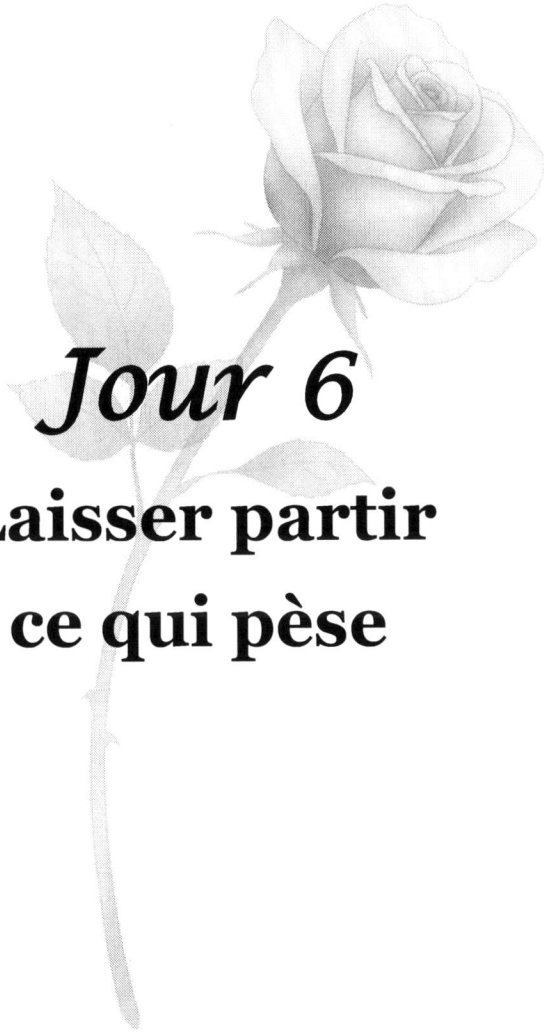

Jour 6
Laisser partir
ce qui pèse

Leçon 36

Tu n'as pas à porter
ce qui te fait mal

Tu t'es habituée à supporter.

À tenir.

À encaisser sans rien dire.

Tu crois que parce que tu es forte, tu peux tout traverser.

Et c'est vrai.

Mais ce n'est pas parce que tu peux tout porter que tu dois tout porter.

Il y a des choses qui te fatiguent, qui t'alourdissent, qui tirent ton cœur vers le bas.

Et au fond de toi, tu le sais.

Tu le sens quand tu respires.

Tu le sens dans la tension de ton corps.

Tu n'as plus à te convaincre.

Ce qui fait mal et ne guérit pas n'a plus sa place.

Leçon 37

Ce qui te pèse n'est pas toujours ce qui est important pour toi

Parfois tu gardes quelque chose, ou quelqu'un, parce qu'un jour cela a compté.

Parce qu'il y a eu du beau, du vrai, du tendre.

Mais ce n'est pas parce qu'une chose a été bonne qu'elle l'est encore.

Les liens évoluent.

Et parfois, ils se terminent.

Pas parce que l'amour est faux.

Mais parce que vous avez changé.

Ce qui t'alourdit maintenant peut avoir été précieux autrefois.

Tu peux honorer ce que ça a été,

et le laisser partir.

Leçon 38
L'attachement n'est
pas de l'amour

L'attachement, c'est la peur de manquer.

L'amour, c'est la respiration.

L'attachement dit : « Ne me laisse pas. »

L'amour dit : « Je veux que tu sois bien, même si ce

n'est pas avec moi. »

Tu as été attachée.

Tu as voulu retenir.

Tu as eu peur.

C'est humain.

Mais maintenant tu apprends à aimer sans te perdre.

Leçon 39

Tu n'as pas à courir derrière quelqu'un pour être aimée

Si tu dois te justifier, convaincre, poursuivre,

expliquer, supplier...

ce n'est pas l'amour.

C'est la peur.

L'amour ne demande pas de prouver.

Il accueille.

Il reconnaît.

Il reste.

Et toi, tu mérites quelqu'un qui reste simplement

parce que toi c'est toi.

Pas parce que tu fais, donnes, adaptes, forces.

Tu mérites un amour qui ne te demande pas de te

diminuer.

Leçon 40

Si tu dois te perdre pour rester, tu dois partir

Regarde comment tu te sens quand tu es avec certaines personnes.

Regarde si tu te sens vue ou si tu te sens effacée.

Si tu dois faire semblant pour être aimée, tu n'es pas aimée.

Tu es tolérée.

Et toi... tu es bien plus que tolérable.

Tu n'as pas à disparaître pour être gardée.

Tu n'as pas à te cacher pour être acceptée.

Si tu dois te perdre pour rester,

il est temps de partir.

Leçon 41

La distance peut être une forme d'amour pour toi

S'éloigner ne veut pas dire que tu n'aimes plus.

S'éloigner peut vouloir dire:

«Je m'aime aussi.»

La distance n'est pas froide.

Elle est protectrice.

Elle est claire.

Elle est nécessaire parfois.

Ce recul que tu prends, c'est toi qui te reviens.

Leçon 42

Partir, c'est se choisir

Ils te diront peut-être que tu abandonnes.

Que tu fuis.

Que tu as changé.

Ils auront raison sur un point :

Tu as changé.

Tu ne te sacrifies plus.

Tu ne te perds plus.

Tu ne t'oublies plus.

Partir, ce n'est pas tourner le dos à quelqu'un.

C'est revenir à toi.

Et il n'y a rien de plus courageux que ça.

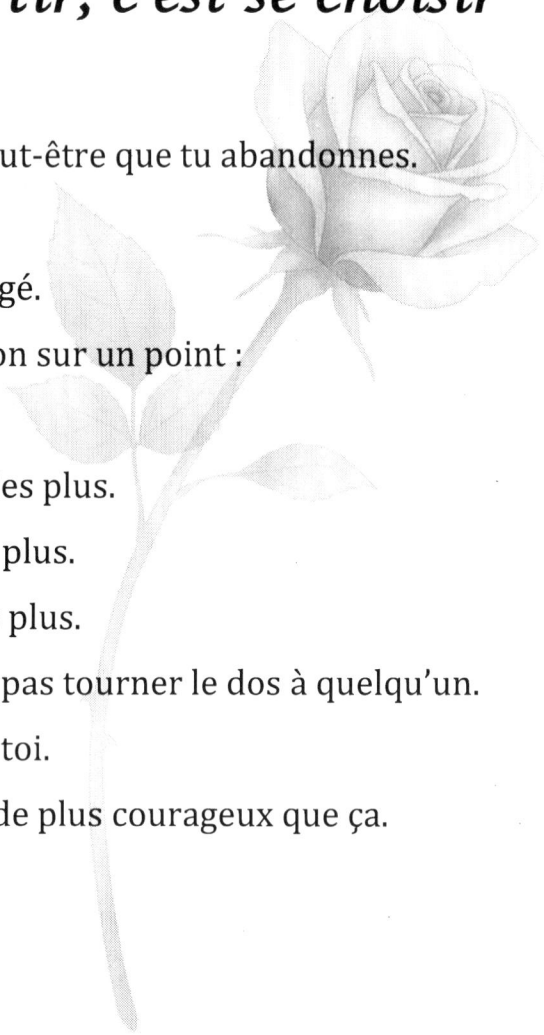

Jour 7

Se reposer et se recentrer

Aujourd'hui, on ne pousse pas.

On se retrouve.

Leçon 43

Tu as le droit de te reposer

Tu as tellement donné. Tellement tenu.

Tellement assuré pour ne pas déranger, pour ne pas

inquiéter, pour que tout reste en place.

Mais tu n'es pas une machine.

Tu n'es pas faite pour fonctionner sans arrêt.

Le repos n'est pas un luxe.

Le repos est une nécessité.

Quand tu te reposes, tu ne perds pas du temps.

Tu te reviens.

Leçon 44

Le monde ne tombera
pas si tu t'arrêtes

On t'a beaucoup appris à être indispensable.

À prendre en charge.

À "tenir le coup".

Et maintenant, tu crois que si tu t'arrêtes, tout va s'effondrer.

Mais regarde : ce monde sait tourner sans toi.

Les autres savent respirer sans toi.

Tu n'es pas responsable de porter tout ce qui existe autour de toi.

Tu peux poser le poids.

Tu peux déposer l'armure.

Rien ne va s'écrouler.

Tu as le droit d'être simplement une femme qui respire.

Leçon 45

Ton corps parle quand ton cœur se fatigue

La fatigue qui revient toujours, cette lourdeur dans ton ventre, ces épaules serrées…

Ce ne sont pas des coïncidences.

Ton corps ne ment jamais.

Ce que le mental refuse d'admettre, le corps le montre.

Si tu es épuisée, ce n'est pas parce que tu es faible.

C'est parce que tu as trop porté, trop longtemps, en silence.

Aujourd'hui, on écoute le corps.

Pas avec peur.

Avec tendresse.

Leçon 46

Le silence guérit

Tu n'es pas obligée de parler de tout.

De tout expliquer.

De tout comprendre.

Le silence n'est pas vide.

Il soigne.

Il recolle.

Il rassemble.

Assieds-toi aujourd'hui, ne serait-ce que deux minutes,

sans écran, sans musique, sans distraction.

Respire.

Tu n'as rien à faire, juste être là.

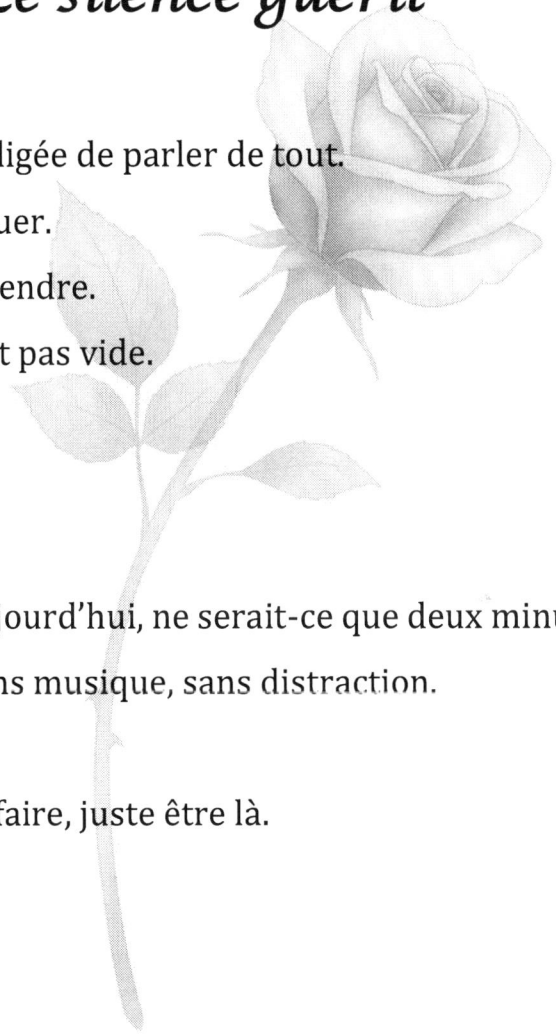

Leçon 47

Tu peux t'autoriser
à ne rien faire

L'inaction fait peur parce qu'elle te met face à toi-même.

Mais c'est là que la paix commence.

Faire moins.

Ralentir.

S'arrêter.

Regarder autour.

Regarder dedans.

Ce n'est pas "perdre du temps".

C'est retrouver ta vie.

Tu n'as pas besoin d'être utile pour avoir le droit d'exister.

Leçon 48

Tu n'as pas besoin d'être disponible pour tout le monde

Tu as le droit de mettre ton téléphone en mode silencieux.

De ne pas répondre tout de suite.

De dire : « Je ne suis pas là aujourd'hui. »

Ce n'est pas se retirer du monde.

C'est revenir à toi.

Tu n'es pas tenue d'être constamment accessible.

Ton énergie n'est pas une source ouverte.

Elle se préserve.

Leçon 49

Se recentrer, c'est revenir dans ton propre rythme

Tout le monde va vite.

Tout le monde court.

Tout le monde compare, poursuit, performe.

Mais toi... tu n'es pas obligée de vivre comme ça.

Tu peux vivre lent, doux, intérieur, profond.

Tu peux vivre dans ton rythme.

Dans ta respiration.

Dans ta vérité.

Revenir à soi, c'est se souvenir :

«Je ne suis pas là pour suivre. Je suis là pour me retrouver. »

Jour 8

Se pardonner en douceur

Aujourd'hui, on arrête de se punir.

On se comprend.

Leçon 50
Tu t'es abandonnée parce que tu ne savais pas faire autrement

Tu te reproches souvent d'être restée trop longtemps, d'avoir accepté trop, d'avoir cru trop, donné trop.

Mais écoute : tu n'avais pas les outils que tu as aujourd'hui.

Tu n'avais pas la conscience, ni les mots, ni la distance.

Tu as fait ce que tu pouvais avec ce que tu savais à ce moment-là.

C'était maladroit peut-être, mais c'était sincère.

Tu ne t'es pas abandonnée parce que tu étais faible.

Tu t'es abandonnée parce que tu cherchais l'amour.

Et on ne reproche pas à quelqu'un d'avoir voulu aimer.

Leçon 51

Les erreurs ne sont pas des fautes, ce sont des apprentissages

Tu veux toujours comprendre : « Pourquoi j'ai fait ça ? Pourquoi j'ai accepté ça ? »

Parce que tu apprenais.

Parce que tu étais en train de comprendre ce que vaut ton cœur, ce que vaut ta paix, ce que vaut ton temps.

Ce que tu appelles « erreur » aujourd'hui, était un pas vers ta vérité.

L'évolution ne se fait jamais sans tâtonner.

Tu n'as rien gâché.

Tu étais en train de te construire.

Leçon 52

Tu n'as pas à te punir pour avoir aimé

Tu te reproches souvent d'avoir donné trop.

D'avoir été trop douce, trop disponible, trop ouverte.

Comme si aimer était une faute.

Mais aimer est une preuve de courage.

Ce qui t'a blessée, ce n'est pas ton amour.

C'est de l'avoir donné à ceux qui ne savaient pas en prendre soin.

L'amour n'est pas le problème.

Le problème, c'est à qui tu l'as confié.

Tu peux aimer encore, mais cette fois, en te gardant avec toi.

Leçon 53

Tu n'étais pas faible.
Tu étais loyale

Tu es restée parce que tu y croyais.

Parce que tu voulais réparer.

Parce que tu as vu le potentiel, pas seulement le présent.

Tu n'étais pas naïve.

Tu étais loyale.

Et la loyauté est une qualité rare.

Ce qui change aujourd'hui, ce n'est pas ta capacité à aimer.

C'est ta capacité à te respecter dans cet amour.

Leçon 54
Te pardonner, c'est reconnaître que tu as grandi

Le pardon n'est pas «tout oublier».

Le pardon, c'est dire:

«Je comprends pourquoi j'ai fait ça.

Je ne le referai plus.

Parce que maintenant, je me connais mieux. »

Se pardonner, c'est reconnaître qu'on n'est plus la même.

Que la version de toi qui souffrait a évolué.

Que tu n'es plus obligée de te juger avec les yeux du passé.

Leçon 55

Tu peux déposer la honte

La honte est une pièce sombre où tu te tiens seule face à ce que tu regrettes.

Mais tu n'as plus besoin de rester là.

La honte ne guérit rien.

Elle enferme.

Ce qui guérit, c'est la lumière douce que tu poses sur ce que tu n'osais pas regarder.

Regarde-toi maintenant : tu es plus consciente, plus tendre, plus juste.

Tu mérites la sortie.

Tu peux respirer à nouveau.

Leçon 56

Tu peux revenir à toi

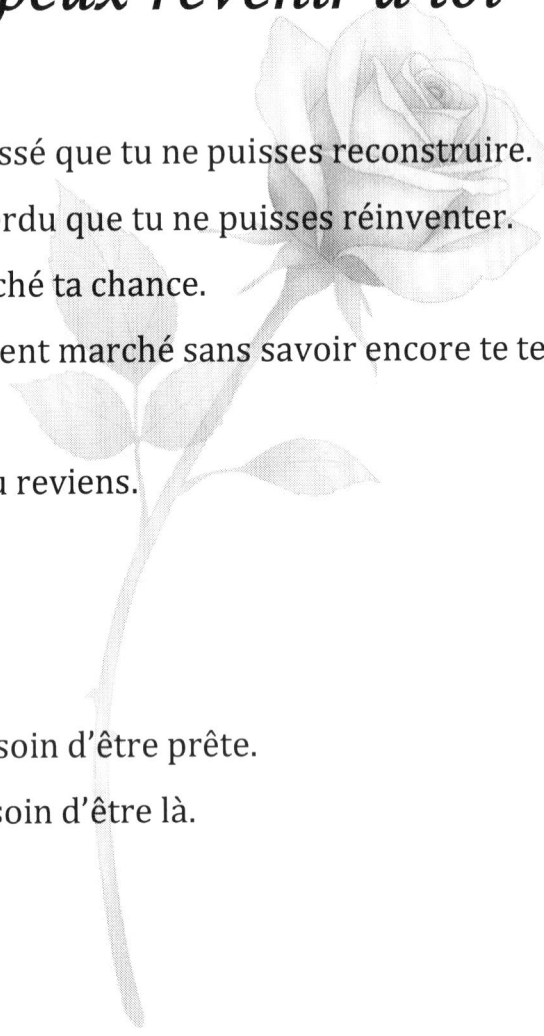

Tu n'as rien cassé que tu ne puisses reconstruire.

Tu n'as rien perdu que tu ne puisses réinventer.

Tu n'as pas gâché ta chance.

Tu as simplement marché sans savoir encore te tenir

la main.

Aujourd'hui, tu reviens.

Doucement.

Pas à pas.

À ton rythme.

Tu n'as pas besoin d'être prête.

Tu as juste besoin d'être là.

Et tu y es.

Jour 9

Se reconstruire
en confiance

Aujourd'hui, tu
recommences
à te tenir la main.

Leçon 57

Tu n'as pas besoin d'avoir tout compris pour avancer

Tu attends souvent le moment où tout sera clair, où tu seras sûre, prête, alignée, parfaite.

Mais ce moment n'existe pas.

La clarté vient en avançant, pas avant.

Tu n'as pas besoin de savoir exactement où tu vas.

Tu as juste besoin de faire un pas.

Un seul.

Aujourd'hui.

Et demain, tu verras un peu plus.

Leçon 58

Ta confiance ne revient pas
d'un coup,
elle revient en morceaux

Tu veux te sentir forte tout de suite.

Mais la confiance ne revient pas comme une lumière

qui s'allume.

Elle revient par petites touches :

une décision,

une limite posée,

un mot que tu dis avec ton vrai ton,

un silence que tu gardes au lieu de te justifier.

Félicite ces petits gestes.

Ils sont ta renaissance.

Leçon 59

Tu peux apprendre à te soutenir toi-même

Tu as souvent attendu qu'on te tienne.

Qu'on te dise « je suis là ».

Qu'on reste avec toi.

Et parfois, personne n'est venu.

Mais aujourd'hui, quelque chose change :

C'est toi qui restes avec toi.

Tu apprends à te prendre dans tes bras de l'intérieur.

Tu apprends à dire:

«Je ne me quitterai plus.»

C'est ainsi que la confiance revient.

Leçon 60

Tes pas comptent, même les plus petits

Ne minimise pas ce que tu fais.

Te lever quand tu es fatiguée.

Respirer quand ton cœur s'emballe.

Dire « non » alors que tu trembles encore.

Ce ne sont pas des détails.

Ce sont des victoires.

Ton avancement n'a pas besoin d'être spectaculaire pour être réel.

Il doit juste être sincère.

Leçon 61

Tu n'as rien à prouver

Tu ne reconstruis pas ta vie pour montrer à quelqu'un
ce dont tu es capable.

Tu ne guéris pas pour être admirée.

Tu avances pour te retrouver.

Pas pour qu'on te regarde.

Pas pour qu'on t'applaudisse.

Tu avances parce que tu sais, quelque part en toi, qu'il
existe une version de toi qui respire plus librement.

C'est elle que tu rejoins.

Leçon 62

Tu peux te faire confiance à nouveau

Tu as peur de refaire les mêmes erreurs.

C'est normal.

Mais tu n'es plus la même.

Tu as des mots maintenant.

Tu as des limites.

Tu as de la conscience.

Tu sais reconnaître ce qui fait mal.

La confiance ne revient pas en oubliant le passé,

elle revient en voyant que tu n'es plus celle d'avant.

Tu peux te refaire confiance.

Doucement.

Sans pression.

Leçon 63

Tu deviens la femme qui se tient droite, même quand elle tremble

Tu ne cherches plus à ne jamais trembler.

Tu apprends à avancer même quand tu trembles un peu.

Tu apprends à choisir ta paix même quand tu doutes encore.

Tu apprends à dire «je reste avec moi» même quand ton cœur a peur.

C'est ça, la force réelle.

Pas l'absence de fragilité — l'accueil de ta fragilité.

Tu deviens une femme qui marche avec son cœur.

Et ça, c'est magnifique.

Jour 10

Retrouver la joie simple

Aujourd'hui,

on laisse revenir la lumière

doucement, mais pour de vrai.

Leçon 64

La joie est encore en toi (même si tu ne la sens pas encore)

Tu as cru parfois que la joie t'avait quittée,

comme si elle était partie avec les gens, avec les

histoires, avec les morceaux de toi que tu as laissés sur

le chemin.

Mais la joie ne disparaît jamais vraiment.

Elle se cache.

Elle se protège.

Elle attend que tu redeviennes douce avec ton cœur.

Tu n'as pas besoin de la forcer.

Tu n'as pas besoin de la chercher.

Elle reviendra quand tu recommenceras à respirer

pour toi.

Une brèche suffit.

Leçon 65

La joie commence dans le corps, pas dans la pensée

Ne cherche pas la joie dans ta tête.

Ta tête analyse, compare, observe, juge parfois.

La joie est plus simple que ça.

Elle commence dans le corps.

Un souffle un peu plus long.

Une épaule qui se relâche.

Une main que tu poses sur ta poitrine.

Un mouvement lent.

Un regard doux vers quelque chose de beau.

La joie est physique avant d'être émotionnelle.

Tu n'as pas à la comprendre — juste à la ressentir.

Leçon 66

Tu peux ralentir pour la laisser entrer

La joie ne vit pas dans la vitesse.

Elle vit dans l'attention.

Elle se glisse dans :

le bruit de l'eau qui coule,

la chaleur du soleil sur tes joues,

le parfum du café le matin,

la sensation de ton corps quand tu t'étire doucement.

Il ne s'agit pas de « faire plus ».

Il s'agit de sentir plus ce que tu vis.

Leçon 67

La joie n'est pas toujours bruyante

Parfois, tu cherches la joie comme quelque chose d'explosif, d'éblouissant.

Mais la vraie joie est souvent silencieuse.

Elle ressemble à :

« Je suis en paix ici. »

« Je me sens bien dans cette minute. »

« Je respire sans forcer. »

La douceur est une forme de joie.

Ne la néglige pas.

Leçon 68

Tu as le droit de ressentir du plaisir

Tu as peut-être appris à te contenir,

à te tenir,

à être raisonnable,

à ne pas « trop » profiter.

Mais le plaisir est un langage du vivant.

Boire quelque chose de chaud lentement.

Mettre une musique qui fait vibrer ton ventre.

Danser seule dans ta chambre.

Toucher ta peau avec douceur.

Allumer une bougie rien que pour toi.

Le plaisir te ramène dans ton corps.

Et ton corps est ta maison.

Leçon 69

La joie ne demande
pas de raison

Tu n'as pas besoin d'avoir « bien fait » ta journée pour mériter d'être bien.

Tu n'as pas besoin d'accomplir pour avoir le droit de sourire.

Tu n'as pas besoin d'autorisation.

La joie n'a pas à être justifiée.

Elle vient.

Elle passe.

Elle se pose.

Elle repart.

Elle revient.

Elle est libre — laisse-la être libre.

Leçon 70

La joie revient quand tu recommences à vivre pour toi

Quand tu arrêtes de vivre pour prouver, pour rassurer, pour être aimée.

Quand tu recommences à choisir juste parce que ça te fait du bien.

Quand tu te dis :

« Aujourd'hui, je me donne quelque chose de doux. »

La joie revient.

Pas soudainement.

Pas violemment.

Mais comme le soleil derrière un nuage :

d'abord une lueur.

Puis une chaleur légère.

Puis une présence entière.

Tu es en train de te réchauffer à nouveau.

Et ça, c'est magnifique.

Jour 11

Honorer son corps

Aujourd'hui, on revient vivre dans ton corps

pas dans ta tête.

Leçon 71

Ton corps n'est pas un objet à améliorer

On t'a appris à te regarder de l'extérieur.

À observer ton corps comme quelque chose à changer,

à corriger, à optimiser.

Tu l'as comparé, critiqué, mesuré.

Mais ton corps n'est pas une vitrine.

Ton corps est un espace où tu vis.

Il t'a portée dans chaque chagrin, chaque rire, chaque

recommencement.

Il mérite de la douceur, pas du combat.

Leçon 72

Tu peux revenir dans ton corps en respirant

La tête va vite.

Elle tourne, analyse, anticipe, compare, se défend.

Le corps, lui, vit au présent.

Chaque fois que tu respires un peu plus profondément,

tu reviens chez toi.

Tu n'as pas besoin de méditer longtemps.

Tu n'as pas besoin d'être "zen".

Tu as juste besoin de sentir l'air entrer,

puis sortir.

Ça suffit pour revenir.

Leçon 73

Ton corps sait ce que ton cœur n'arrive pas encore à dire

Cette lourdeur dans ta poitrine ?

Ce nœud dans ta gorge ?

Ce creux dans ton ventre ?

Ce ne sont pas des hasards.

Ce sont des phrases sans mots.

Des vérités que ton mental évite encore.

Ton corps est honnête.

Écoute-le avant d'essayer de tout comprendre.

Tu n'as pas besoin d'analyse — tu as besoin de présence.

Leçon 74

Tu peux te toucher
avec tendresse

Et si tu posais ta main sur ton bras, doucement ?

Et si tu caressais ton propre visage sans jugement ?

Et si tu massais ton cœur comme on masse une

douleur silencieuse ?

Le corps entend le geste avant les mots.

Il comprend la douceur avant les explications.

Tu peux te consoler par le toucher.

Tu es capable de te réconforter de l'intérieur.

Leçon 75

Le plaisir est un chemin de retour vers toi

Le plaisir n'est pas un luxe.

C'est une boussole.

Ce qui te fait du bien te montre où tu te retrouves.

Une douche chaude.

Une boisson que tu aimes.

Un drap doux contre ta peau.

Une chanson qui fait vibrer ton ventre.

Ce ne sont pas des détails.

Ce sont des portes.

Des portes vers toi.

Leçon 76

Tu n'as pas besoin de mériter le repos, la lenteur ou la douceur

Ton corps n'a pas besoin d'être "efficace" pour avoir de la valeur.

Il n'a pas à produire pour être digne.

Il a le droit de se poser.

Il a le droit d'être nourri.

Il a le droit d'être aimé.

Tu peux lui offrir ce que tu attends des autres.

Tu peux commencer par là.

Leçon 77

Honorer ton corps, c'est te choisir dans le concret

S'hydrater.

Dormir.

Respirer.

Manger lentement.

Se caresser la peau.

Marcher en écoutant une chanson que tu aimes.

C'est ça, s'aimer dans le réel.

Tu veux apprendre à t'aimer?

Commence par ton corps.

C'est lui qui ressent l'amour.

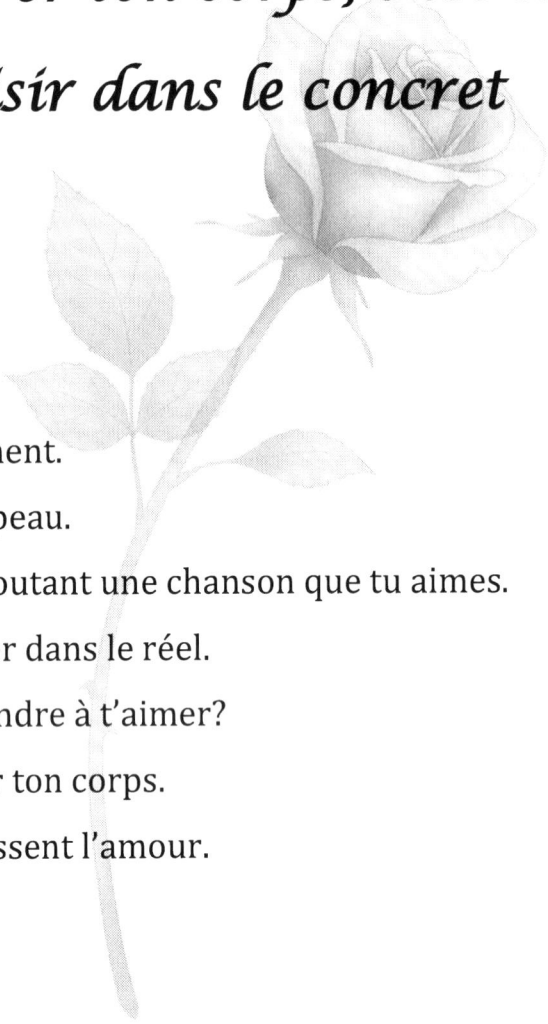

Jour 12

Développer ton amour-propre

Aujourd'hui,
tu arrêtes de
demander ce que
tu portes déjà en toi.

Leçon 78

Tu n'as plus besoin de supplier pour être aimée

Tu as passé du temps à attendre que quelqu'un te choisisse.

À espérer des preuves.

À croire qu'un regard, un message, une présence allait te confirmer que tu méritais l'amour.

Tu n'as plus besoin de ça.

Tu sais aimer.

Tu sais donner.

Tu sais être vraie.

L'amour que tu cherches n'est pas dehors.

Il est en toi.

Tu n'as plus à supplier.

Tu t'offres à toi.

Leçon 79

Ta valeur n'a jamais été en négociation

Tu as agi souvent comme si ta valeur dépendait de comment on te regardait, comment on te parlait, comment on te traitait.

Mais ta valeur n'a jamais été déterminée par quelqu'un d'autre.

Elle n'a jamais changé.

Même aux jours où tu t'es effondrée.

Même aux jours où tu t'es oubliée.

Ce n'est pas ta valeur qui était basse.

C'est ton regard sur toi qui était blessé.

Aujourd'hui, ce regard se répare.

Leçon 80

Tu n'as rien à prouver

Pas à eux.

Pas au monde.

Pas à toi-même.

L'amour-propre ne se prouve pas.

Il se vit.

Dans la façon dont tu te parles.

Dans la façon dont tu respectes ton cœur.

Dans la façon dont tu choisis ta paix.

Tu n'es pas un examen.

Tu n'es pas un test.

Tu n'es pas une performance.

Tu es une présence.

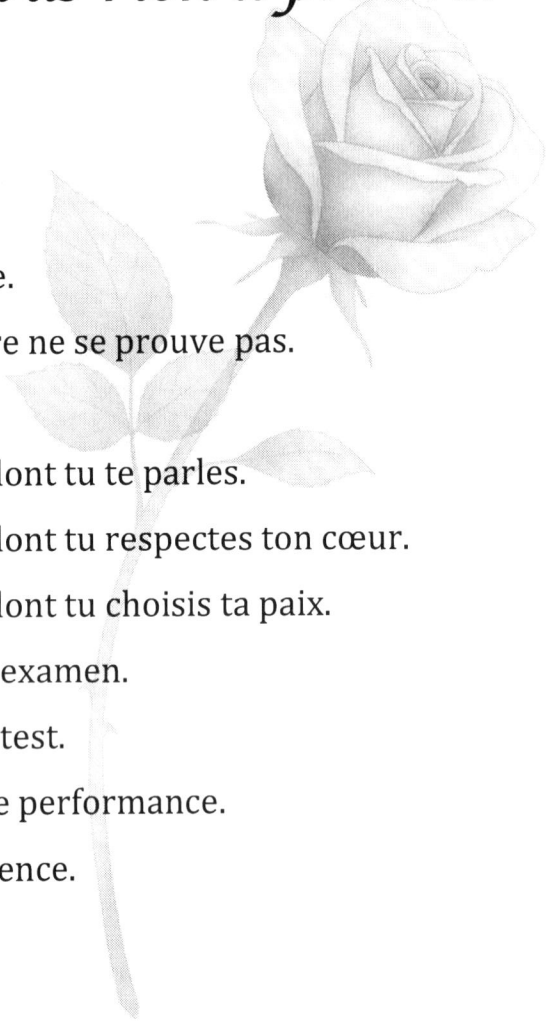

Leçon 81

Tu peux te donner ce que tu espérais recevoir

L'affection que tu attendais.

L'écoute que tu demandais.

La tendresse que tu espérais.

La reconnaissance que tu voulais.

Tu peux te la donner toi-même.

Et ce n'est pas se suffire par défaut.

C'est se suffire par dignité.

Ce que tu t'offres, personne ne peut te l'enlever.

Leçon 82

Tu n'as plus à courir derrière qui ne te voit pas

Tu as poursuivi.

Tu as insisté.

Tu as essayé de te rendre lisible, compréhensible, visible.

Mais tu ne peux pas te faire voir par quelqu'un qui n'a pas la capacité de regarder.

Tu ne peux pas te faire entendre par quelqu'un qui n'écoute pas.

Tu ne peux pas te faire aimer par quelqu'un qui ne sait pas aimer.

Tu arrêtes.

Là.

Maintenant.

Tu te choisis.

Leçon 83

L'amour-propre transforme
ce que tu acceptes

Quand tu t'aimes, tu ne prends plus les miettes.

Tu ne restes plus dans ce qui t'épuise.

Tu ne poursuis plus ce qui t'éteint.

Tu reconnais ton cœur comme quelque chose de précieux.

Et tu choisis en conséquence.

L'amour-propre n'est pas une idée.

C'est un filtre.

Leçon 84
Tu deviens la femme
qui se tient à ses côtés,
quoi qu'il arrive

C'est ça, s'aimer.

Pas être parfaite.

Pas être inébranlable.

Pas ne jamais douter.

S'aimer, c'est rester avec soi dans le doute.

C'est ce que tu fais ici.

Page après page.

Jour après jour.

Tu es en train de devenir la femme qui ne se quitte plus.

Et c'est une renaissance silencieuse, mais immense.

Jour 13

Se choisir dans ses relations

Aujourd'hui, tu ne te perds plus pour rester.

Tu te choisis.

Leçon 85

Tu ne restes plus là
où tu te sens petite

Tu l'as déjà senti, ce moment précis où tu deviens plus discrète, plus lisse, plus douce que ce que tu es vraiment, juste pour "ne pas déranger".

Ce n'est pas de l'amour.

C'est de l'auto-effacement.

L'amour vrai te laisse grandir.

L'amour vrai te laisse respirer, prendre de la place, parler avec ta voix.

Tu ne restes plus là où tu dois te diminuer pour être tolérée.

Tu restes là où tu peux te déployer.

Leçon 86

Tu ne poursuis plus ce qui te fuit. Tu as couru parfois.

Tu as insisté.

Tu as voulu faire comprendre, expliquer, réparer.

Tu as donné des chances à ce qui ne te voyait pas.

Mais l'amour ne se poursuit pas.

L'amour se reconnaît.

Ce qui te fuit te montre déjà sa réponse.

Tu ne cours plus.

Tu respires.

Et tu laisses venir ce qui te choisit.

Leçon 87

Tu n'es pas une deuxième option

Même si tu as l'habitude de te contenter, d'attendre, de comprendre, d'excuser.

Même si tu as accepté des miettes en espérant du pain.

Tu ne prends plus ce qui arrive par défaut.

Tu ne te tiens plus en réserve.

Tu ne te places plus derrière.

Tu es une première place.

Et tu te traites comme telle.

Leçon 88

Si quelqu'un t'aime,
tu n'auras pas à deviner

Tu ne chercheras pas des signes dans les détails.

Tu ne liras pas entre les lignes.

Tu ne passeras pas tes nuits à interpréter.

L'amour se voit.

L'amour se dit.

L'amour se montre.

Ce qui te laisse dans le doute n'est pas de l'amour.

C'est une attente.

Tu mérites la clarté.

Leçon 89

Tu ne négocies pas ton respect

Le respect n'est pas une récompense.

Ce n'est pas quelque chose que tu obtiens en étant

"assez" ceci ou "pas trop" cela.

Le respect est un minimum non négociable.

S'il y a mépris, ignorance, manipulation, froideur,

humiliation, incohérence répétée...

Tu ne restes pas.

Même si tu aimes.

Même si ça fait mal.

Ton cœur d'abord.

Leçon 90

Ce qui s'en va n'était pas à toi

Tu as cru parfois que perdre était un échec.

Mais tu ne perds jamais ce qui est vraiment à toi.

Tu libères juste ce qui n'avait plus sa place dans ta vie.

Ce qui part fait de la place.

Ce qui part ouvre une porte.

Ce qui part prépare un retour à toi.

La perte n'est pas un drame.

C'est une transition.

Leçon 91

Se choisir, c'est dire

« Je me reviens »

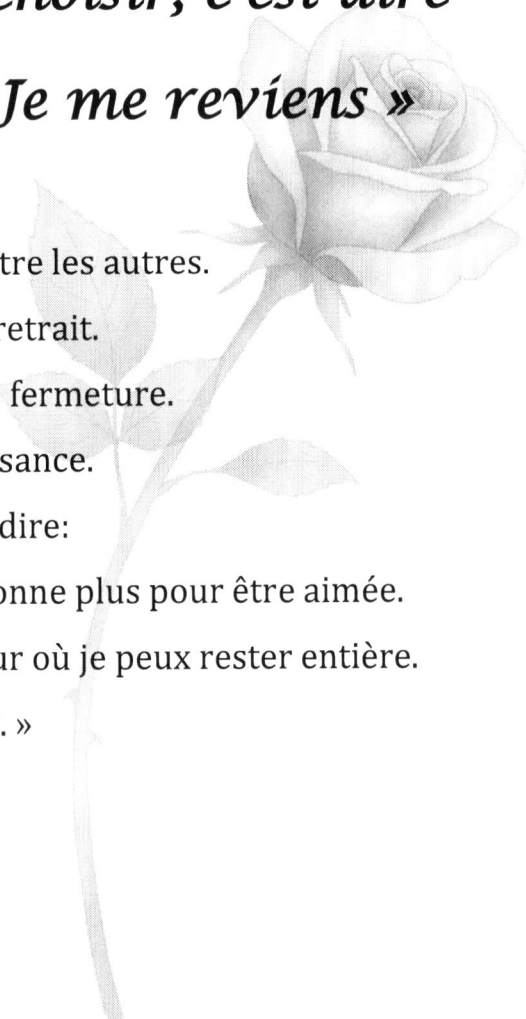

Ce n'est pas contre les autres.

Ce n'est pas un retrait.

Ce n'est pas une fermeture.

C'est une renaissance.

Se choisir, c'est dire:

«Je ne m'abandonne plus pour être aimée.

Je veux un amour où je peux rester entière.

Je reviens à moi. »

Et tu y es.

Jour 14

**Devenir la femme
qui s'aime
Aujourd'hui, tu
ne cherches plus
à te prouver.
Tu te laisses être.**

Leçon 92

Tu deviens une femme qui respire dans son propre rythme

Plus besoin de suivre.

Plus besoin de courir.

Plus besoin de te comparer.

Tu marches à ton tempo.

Tu manges quand tu as faim.

Tu dors quand ton corps te l'appelle.

Tu t'habilles selon ton humeur et non selon le regard des autres.

Tu vis à partir de toi.

C'est ça, la vraie liberté.

Leçon 93
Tu n'attends plus la permission d'exister pleinement

Tu n'attends plus qu'on te valide.

Tu n'attends plus qu'on te regarde.

Tu n'attends plus qu'on t'autorise à être belle, forte, douce, intense.

Tu prends la place qui est la tienne.

Tu te tiens droite, même dans le doute.

Tu t'autorises à exister sans permission.

Tu n'es plus en attente.

Tu es présente.

Leçon 94

Tu choisis ce qui te nourrit

Tu ne gardes plus ce qui t'épuise.

Tu ne t'accroches plus à ce qui te tire vers le bas.

Tu apprends à reconnaître ce qui te nourrit vraiment :

les regards qui te voient,

les paroles qui te respectent,

les gestes qui te rassurent,

les présences qui ne t'abandonnent pas.

Tu ne construis plus tes liens sur le manque.

Tu les construis sur la nourriture intérieure.

Leçon 95

Tu n'as pas besoin d'être parfaite pour être magnifique

Ta beauté n'est pas dans ta maîtrise.

Elle est dans ta présence.

Dans ton rire quand tu te laisses aller.

Dans ta façon d'écouter profondément.

Dans ta manière d'aimer sans calculer.

Ta beauté est vivante.

Elle respire.

Elle bouge.

Elle existe même dans tes doutes.

Tu es magnifique parce que tu es vivante.

Leçon 96

Tu deviens ton propre refuge

Tu sais maintenant te tenir.

Te prendre dans tes bras de l'intérieur.

Te parler avec douceur.

Te protéger.

Te respecter.

Tu ne cherches plus à être sauvée.

Tu te sauves toi.

Et c'est là que tu deviens inébranlable.

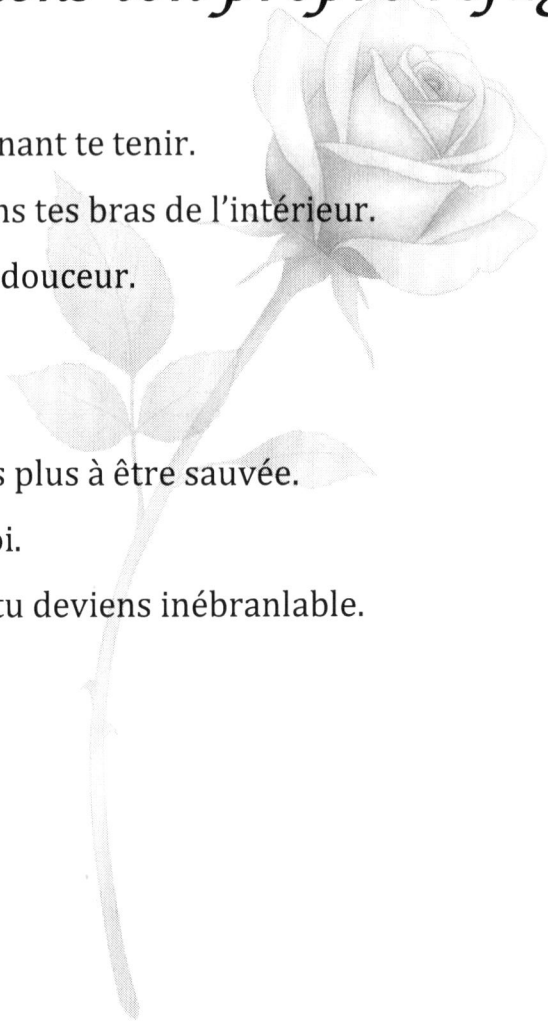

Leçon 97

Tu n'as plus peur de perdre ce qui n'est plus aligné

Tu ne t'accroches plus.

Tu ne retiens plus.

Tu ne forces plus.

Si quelque chose doit partir, tu laisses partir.

Si quelque chose doit rester, tu accueilles.

Tu ne contrôles plus.

Tu danses avec la vie.

Et la vie te répond avec douceur.

Leçon 98

Tu te choisis encore, encore, encore

Pas juste aujourd'hui.

Pas juste quand c'est facile.

Pas juste quand tout va bien.

Tu te choisis :

dans le doute,

dans la fatigue,

dans les retours en arrière,

dans les recommencements,

dans les silences,

dans les matins sans lumière.

Tu te choisis parce que tu sais maintenant une chose essentielle :

Tu es ta maison.

Leçon 99

Tu reviens à toi

Tu n'as jamais perdu ta lumière.

Elle était recouverte, oui.

Étouffée par la peur, l'attente, le silence.

Mais elle était là.

Elle t'attendait.

Tu as appris à te revoir,

à te parler,

à poser des limites,

à comprendre tes besoins,

à honorer ton corps,

à retrouver la joie,

à te choisir.

Tu n'as pas changé en quinze pages.

Tu es revenue à celle que tu as toujours été.

Leçon 100

Tu es la femme qui s'aime

La femme qui s'aime ne brille pas pour être vue.

Elle brille parce qu'elle est revenue dans sa peau.

La femme qui s'aime ne cherche pas l'amour.

Elle en est la source.

La femme qui s'aime ne parle pas de force.

Elle respire la force.

Et tu l'es.

Pas demain.

Pas quand tu auras réglé tout.

Pas quand tu seras prête.

Maintenant.

Tu es la femme qui s'aime

et ça se voit déjà.

Printed in France by Amazon
Brétigny-sur-Orge, FR

41161224R00069